글 김성화·권수진

부산대학교에서 생물학, 분자생물학을 공부했습니다. 《과학자와 놀자》로 창비 좋은어린이책 상을 받았습니다. 첨단 과학은 신기한 뉴스거리가 아니라 물리 법칙으로 가능한 과학 세계의 이야기라는 것을 들려주려고 '미래가 온다' 시리즈를 쓰기 시작했고, 《미래가 온다, 로봇》, 《미래가 온다, 나노봇》, 《미래가 온다, 뇌 과학》 등 20권을 완간했습니다.

지금은 수학적으로 사고하는 방법과 그런 사고가 미래를 어떻게 바꿔 놓을지까지, 과정에 충실한 수학 정보서, '미래가 온다' 수학 시리즈를 진행하고 있습니다.

《고래는 왜 바다로 갔을까?》, 《과학은 공식이 아니라 이야기란다》, 《파인만, 과학을 웃겨 주세요》, 《우주: 우리우주에 무슨 일이 있었던 거야?》, 《만만한 수학: 점이 뭐야?》 등을 썼습니다.

그림 강혜숙

이야기가 있는 곳이면 어디든 달려가는 그림책 작가입니다.
수학의 세계도 어떤 이야기보다 재밌다는 사실을 이 책에 그림을 그리며 깨달았습니다.
쓰고 그린 책으로 《옛날 옛날에 심심한 사람이 있었는데》, 《요즘 토끼 타령》, 《일곱 빛깔 요정들의 운동회》, 《수레를 탄 해》, 《함수는 이상한 기계야!》 등이 있습니다.
2023년에 《호랑이 생일날이렷다》로 대한민국 그림책상 특별상을 받았습니다.

미래가 온다

우리 옆에 4차원이 있다!

차원

와이즈만 BOOKs

미래가 온다 수학
08 차원 우리 옆에 4차원이 있다!

1판 1쇄 인쇄 2024년 7월 26일 | 1판 1쇄 발행 2024년 8월 19일

글 김성화 권수진 | 그림 강혜숙 | 발행처 와이즈만 BOOKs | 발행인 염만숙

출판사업본부장 김현정 | 편집 원선희 양다운 이지웅
기획·책임편집 임형진 | 디자인 권석연 | 마케팅 강윤현 백미영 장하라

출판등록 1998년 7월 23일 제1998-000170 | 제조국 대한민국
주소 서울특별시 서초구 남부순환로 2219 나노빌딩 5층
전화 마케팅 02-2033-8987 편집 02-2033-8983 | 팩스 02-3474-1411
전자우편 books@askwhy.co.kr | 홈페이지 mindalive.co.kr | 사용연령 8세 이상
ISBN 979-11-92936-46-8 74410 979-11-92936-02-4(세트)

ⓒ 2024, 김성화 권수진 강혜숙 임형진
이 책의 저작권은 김성화, 권수진, 강혜숙, 임형진에게 있습니다.
저자와 출판사의 허락 없이 내용의 일부를 인용하거나 발췌하는 것을 금합니다.

잘못된 책은 구입처에서 바꿔 드립니다.

와이즈만 BOOKs는 (주)창의와탐구의 출판 브랜드입니다.
KC마크는 이 제품이 공통안전기준에 적합하였음을 의미합니다.

미래가 온다

우리 옆에 4차원이 있다!

차원

김성화·권수진 글 | 강혜숙 그림

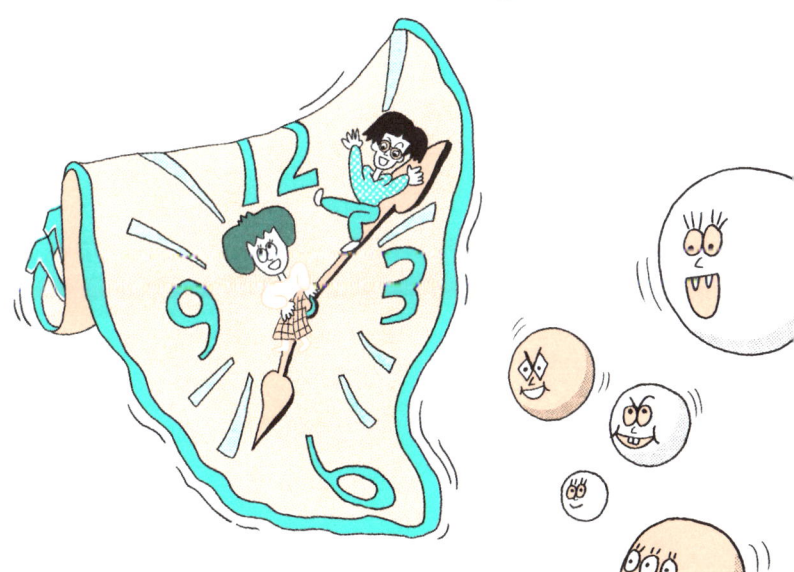

0 앗! 7

1 차원 건너뛰기 15

2 납작이가 되었어! 21

3 이상한 나라의 스퀘어 씨 35

4 3차원에서 온 괴물 47

5 4차원에 초입체가 있다 59

6 **4차원에서 방문객이 온다면?** . . . . <u>69</u>

7 **0차원에 오신 걸 환영합니다** . . . . <u>81</u>

8 **우리는 4차원 시공간에
살고 있다** . . . . <u>89</u>

9 **1과 $\frac{1}{4}$ 차원** . . . . <u>101</u>

10 **우리 우주가 10차원이라고?** . . . . <u>115</u>

기분이 이상해!
스멀스멀 간질간질 찌릿찌릿.
어어, 어어?

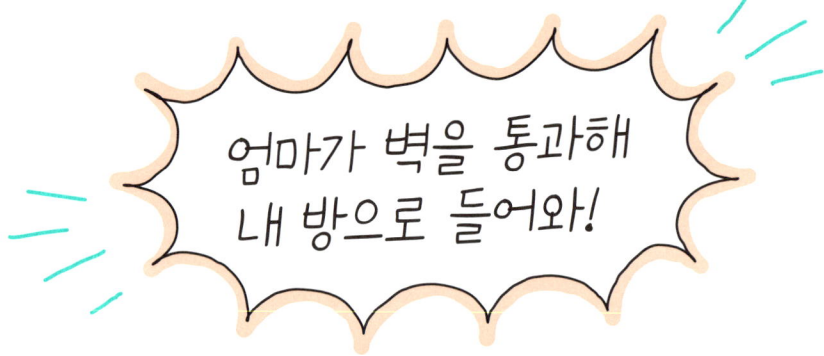

'학교에 안 가? 얼른 밥 먹어!'
냉장고 문도 열지 않고 슥 손을 집어넣어 우유를 꺼내.
'오늘 아침은 우유와 삶은 달걀이야.'
헉, 달걀 껍질도 깨지 않고 노른자를 꺼내고, 벽 속으로 손을 집어넣어 청소기를 꺼내. 위이잉~ 청소기가 소파를 뚫고 들어가.
'내친김에 자동차도!'

"엄마에게 무슨 일이 일어난 거야?"
네가 벽을 통과할 수 있다고 상상해 봐.
너는 문을 열고 닫을 필요가 없어. 스르륵 방문을 통과하고 현관문을 통과해 학교에 가. 담벼락이 너무 길다고? 벽을 뚫고 운동장으로 곧장 들어가면 될걸.
바로 앞에 산이 나타나도 문제없어. 네가 걸어가는 길이 터널이 돼. 너는 서랍을 열지 않고 양말을 꺼내고 봉지를 뜯지 않고 과자를 집어 먹어.
"우아!"
이번에는 마음대로 사라졌다가 나타날 수 있다고 상상해 봐. 엄마에게 잔소리를 들을 때 뿅 사라져서 놀이터에 나타날 수 있어.
양치질을 하다가 갑자기 놀이동산에 가고 싶다고?
뿅 사라지면 돼!

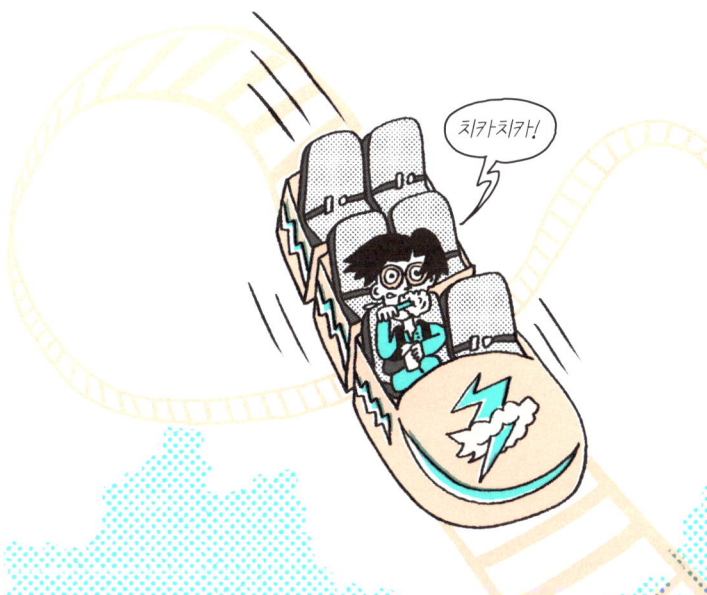

꺼!

엄마가 집 앞에 왔어.

"보여?"

"말도 안 돼."

말이 돼.

고차원 세계에서는 이 모든 일들이 기적이 아니라 매일매일 일어나는 평범한 일이야.

고차원 세계?

공상 과학이야?

아니!

수학이야!

수학자가 수학으로 찾아냈어.
"무얼?"
고차원 세계!
"고차원 세계가 진짜 있다고?"
아마도.
"그게 어디 있는데?"
놀라지 마.
바로 바로 우리 곁에 있어!

① 차원 건너뛰기

만약에 고차원 세계가 정말로 있다면, 그건 머나먼 우주 어딘가에 숨어 있지는 않을 거야. 수학자들이 예측하기로 바로 우리 곁에 있다니까. 비행접시를 타지 않아도 고차원 생물은 스윽 뿅 우리 앞에 나타날 수 있어.
"헐, 어떻게?"

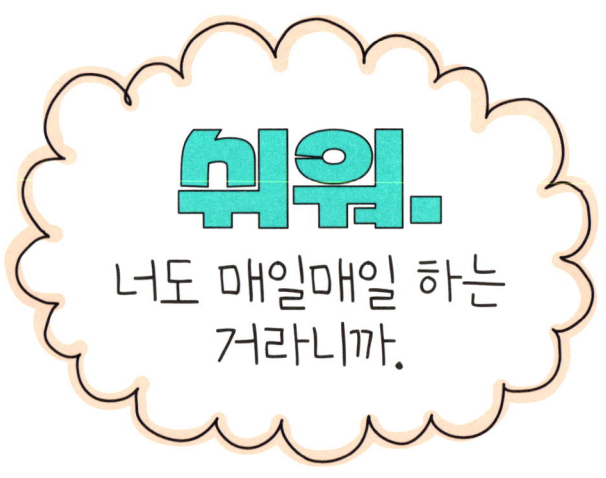

방금 휴대 전화를 식탁에 놓았어?
네가 3차원 세계의 물체를 2차원 세계에 놓은 거야!

우리는 아주 쉽게 3차원 세계에서 2차원 세계로 들락날락해.
네가 걸어 다닐 때에도 그런 일이 일어나. 오른발이 3차원에
있을 때 왼발은 2차원에 있다니까.
도화지에 그림을 그릴 때 너는 3차원 세계의 크레파스로
2차원 세계에 그림을 그리는 거야.
2차원은 가로와 세로만 있는 납작한 평면 세계야.
3차원은 가로와 세로, 높이가 있는 공간 세계야!

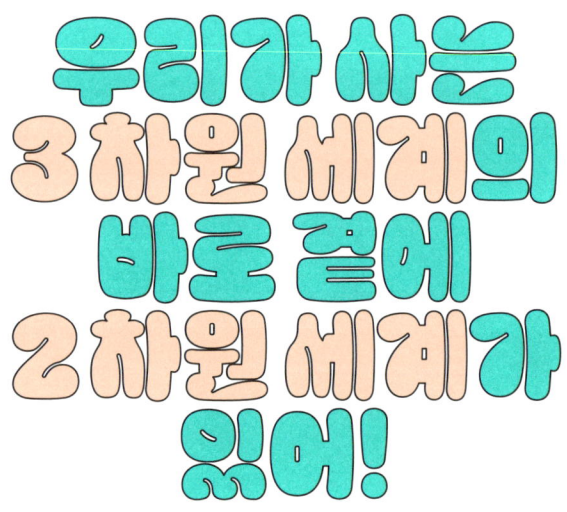

차원을 건너뛰려고 이상한 기계에 올라탈 필요가 없어. 그냥
손을 뻗어 만지기만 하면 돼.
우리는 매일 2차원과 3차원을 들락날락하면서 살아!

3차원에서 2차원으로 오가기가 그렇게 쉽다면, 4차원에서 3차원으로 오가기도 아주 아주 쉽지 않겠어?
4차원이 정말로 있다면, 우리와 아주 가까운 곳에 있어!
"그럼 왜 우리는 모르는 거야?"
3차원 세계에서 4차원 세계가 보이지 않기 때문이야.
2차원에서 3차원이 보이지 않는 것과 같아!
"2차원에서 3차원이 보이지 않는다고?"
"왜?"

❷

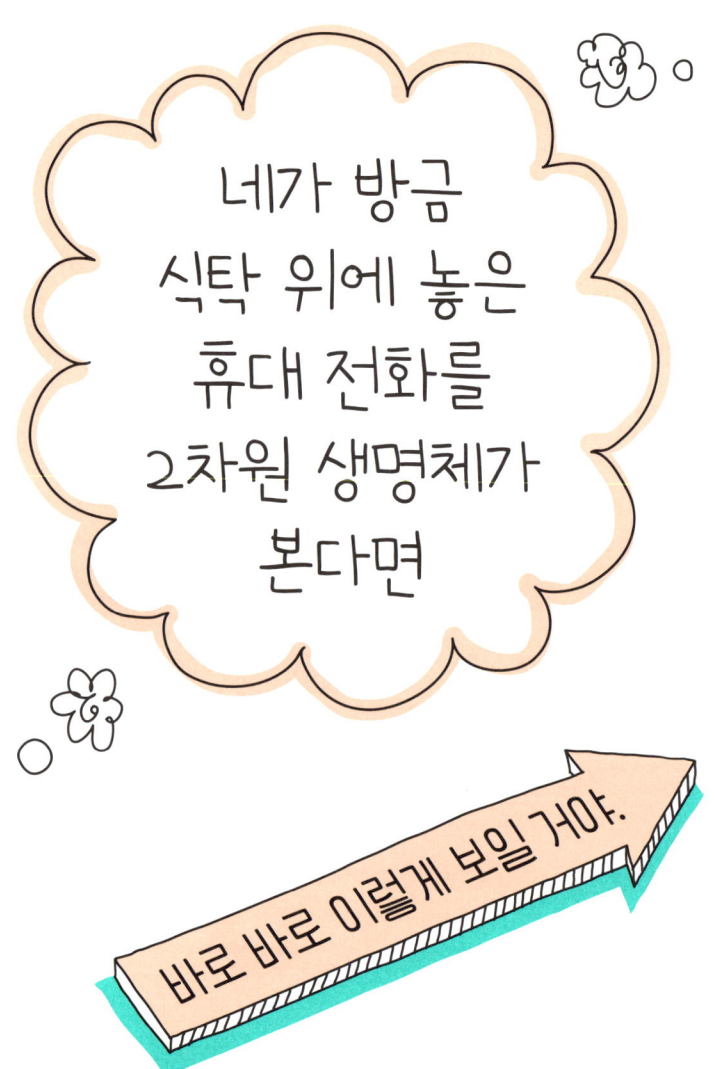

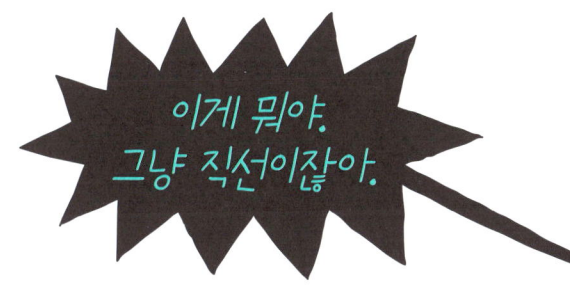

이게 뭐야.
그냥 직선이잖아.

아니,
휴대 전화라니까!

네가 완전 완전 납작한 생명체가 되어서 완전 완전 납작한 평면에 살고 있다고 상상해 봐. 완벽하게 납작이가 되어서 납작한 세계를 보는 거야.

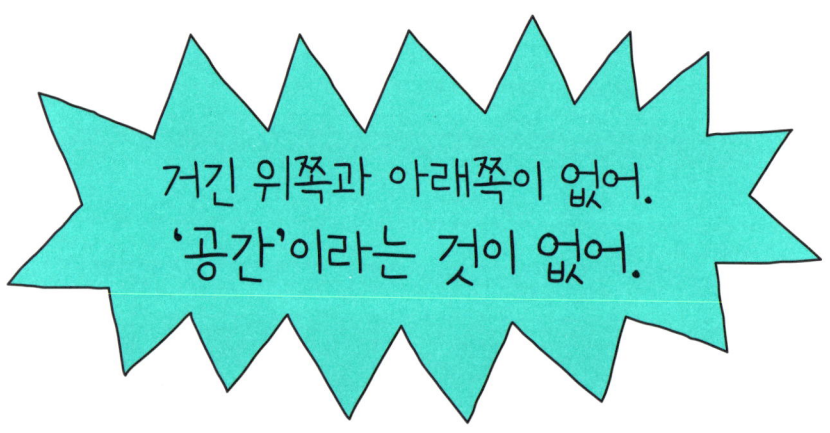

거기에 네모난 색종이가 있다면 어떻게 보일까?
"사각형이지!"
아니! 그건 위에서 본 거잖아. 3차원에서 본 거라고.
너는 지금 2차원에 있다니까!
네가 색종이처럼 납작해져서 색종이를 본다고 상상해.
어떻게 보일까?

하하, 네가 보고 있는 건 사실은 원이라는 말씀! 여기, 우리 3차원 세계에서는 말이야.

"원이라고? 말도 안 돼."

옆으로 움직여 봐. 빙그르 돌아.

뭐가 보여?

"직선이라니까? 원이 어딨어!"

네가 있는 곳이 2차원이라서 그래.

> 2차원에서는
> 원이 원으로 안 보여.
> 그건 위에서 볼 때만
> 알 수 있어.

2차원 세계에서는 무언가를 위에서 아래로 내려다본다는 건 불가능해. 아래에서 위로 보는 것도 불가능해. 거기서 보면 모두 직선으로 보인다니까. 삼각형, 사각형, 오각형, 원이 모두 직선으로 보여. 앞에서 봐도, 뒤에서 봐도, 옆에서 봐도!

사실은 기다란 직선이라는 말씀!

"헐!"

옆으로 돌아가 봐. 보여?

"어어, 어어~ 이제 보여. 직선이야!"

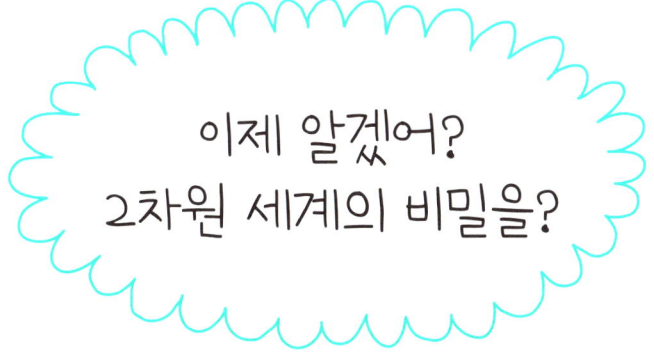

2차원 세계에 아무리 기이하게 생긴 납작 괴물이 살고 있다고 해도 그냥 직선으로밖에 안 보일걸.

"하나도 무섭지 않겠어!"

그럴지도.

하지만 놀라운 일이 기다리고 있어.

순식간에 나타났다가 사라지고, 사라졌다가 나타나!

"뭐가?"

뭐든지!

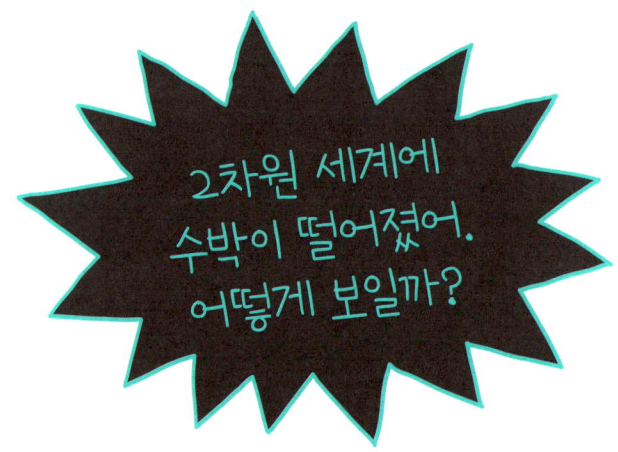

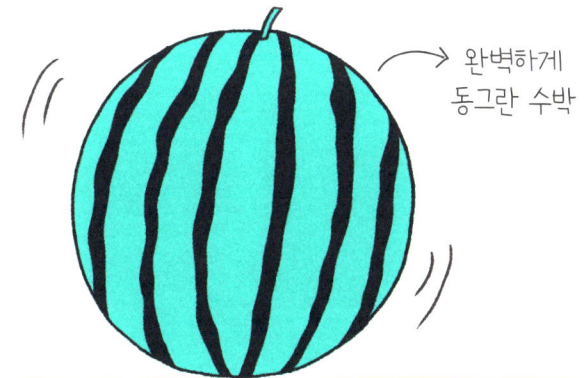

→ 완벽하게 동그란 수박

"수박이라며? 동그랗겠지!"
아니! 상상놀이를 계속해. 너는 아직 2차원 세계에 있다니까.
완벽하게 납작이가 되어서 납작한 세계에 살고 있어.
거기에 쿵 소리와 함께 뭔가가 떨어진 거야.

거기서는 수박이 수박으로 안 보여.

뒤에서 봐도, 한 바퀴를 빙 돌아서 보아도 점이야!
3차원에 속한 부분이 안 보여서 그래. 2차원에 콕, 닿은
부분만 보여. 그게 뭐겠어?
"아하."
그런데 수박을 들어 올리면?
순식간에 사라져 버려!
"수박이?"
아니, 점이!
"푸하하!"

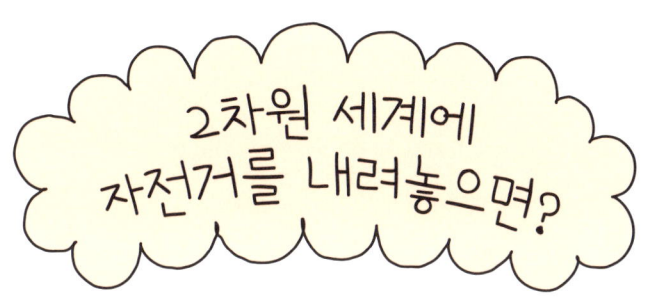

어떻게 보일까?

"푸하하, 점이 2개야!"

빙고!
자전거가 달리는 모습을 납작이가 본다면?
"하하, 점이 달려가."
"부웅~."

3
이상한 나라의 스퀘어 씨

1884년, 영국 런던의 에드윈 애벗 애벗 교장 선생님이 수학을
좋아해서 이야기를 하나 썼어. 제목이 《플랫랜드》인데,
말 그대로 납작한 세계에 관한 이야기야.
납작한 2차원 세계에 직선과 원, 삼각형, 사각형, 오각형,
육각형……들이 살고 있어. 이야기의 주인공은 수학을
좋아하는 스퀘어 씨야. 이름처럼 모양이 정사각형이야.

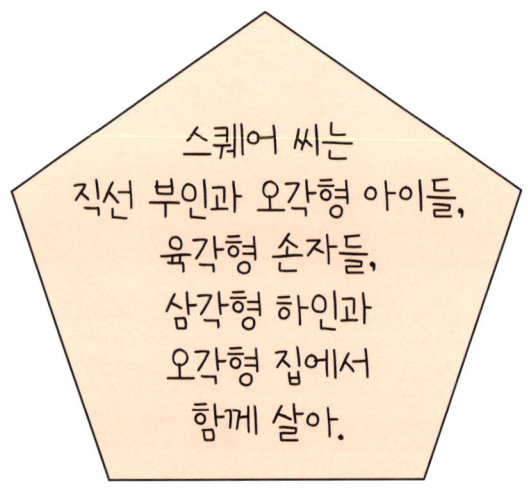

스퀘어 씨는
직선 부인과 오각형 아이들,
육각형 손자들,
삼각형 하인과
오각형 집에서
함께 살아.

플랫랜드에서는 삼각형이나 사각형 집은 법으로 금지되어
있어.
"왜?"
각이 너무 뾰족해서 주민들이 다닐 때 찔리기 쉽거든.
"푸하하."

플랫랜드에서 보통 어른의 키는 27.9센티미터야. 성직자, 학자, 군인, 귀족, 상인 계급이 있는데, 성직자는 원이고, 군인들은 뾰족한 삼각형이야. 상인들은 사각형이나 오각형이야. 여자들은 직선이야!

플랫랜드의 직선 부인들은 다닐 때 꼭 소리를 내야 해. '뿌리리링빨랑딸랑쏠랑쏠랑.'

직선이 앞으로 다가올 때 점으로 보여서 주민들이 눈치를 못 채고 찔리기 쉽거든.

플랫랜드의 주민들에게는 삼각형도 사각형도 서로가 서로에게 직선으로 보여. 자기들 나라에 직선과 삼각형, 사각형, 오각형…… 원이 있다는 걸 알지만, 전체 모습을 본 적이 없어. 볼 수도 없고. 그저 수학 시간에 배워서 알 뿐이야.

수학자 스퀘어 씨는 밤늦게 기하 문제를 풀다 잠이 들었어. 눈을 떠 보니 '라인랜드'였어. 거기는 직선으로 된 1차원 세계야!

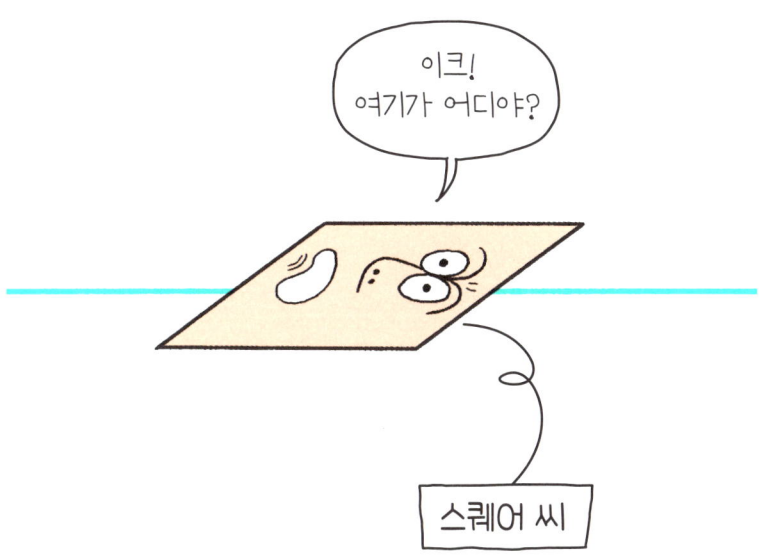

스퀘어 씨 앞에 뭔가 나타났어.
'나는 이 나라의 왕이다!'
그건 점이었어!
스퀘어 씨는 깜짝 놀라 뒤로 물러섰어.
'몰라뵈어 죄송합니다, 폐하.'

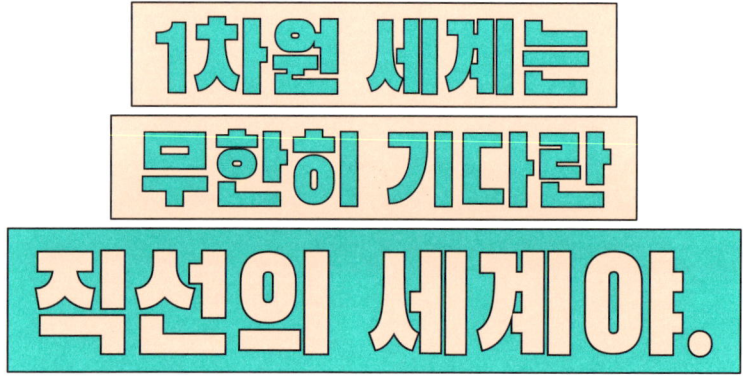
1차원 세계는 무한히 기다란 직선의 세계야.

직선 위에 점과 선들이 살아. 물론 한 줄로 늘어서서 말이야.
거기는 앞과 뒤만 있어. 옆이 무엇인지는 상상도 하지 못해.
옆에서 본다는 건 상상도 하지 못해. 앞과 뒤만 볼 수 있어.
그래서 모두 점으로 보여.

점도, 점으로
직선도, 점으로

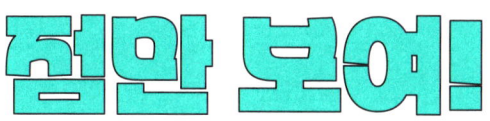

라인랜드의 주민들은 평생 앞뒤로만 조금 움직일 수 있어.
폴짝 건너뛰는 건 상상도 하지 못해. 앞에 앞에 누가 사는지
궁금해도 볼 수 없어. 갈 수 없어. 뒤에 뒤에 누가 사는지
궁금해도 볼 수 없어. 갈 수 없어. 태어날 때부터 바로 자기
앞뒤에 있었던 주민들이 평생 자기의 이웃이야. 한 번 이웃이
영원한 이웃이라는 말씀!
라인랜드에서 달리기를 하다간 금방 이웃과 부딪혀. 만약에
달리기를 오래 하고 싶다면?

멈추고 싶다고?
다 같이 멈춰.
그래서 라인랜드 주민들은 일주일에 한 번 다 같이 격렬하게
운동을 해.
"푸하하!"
스퀘어 씨가 라인랜드 왕에게 물었어.

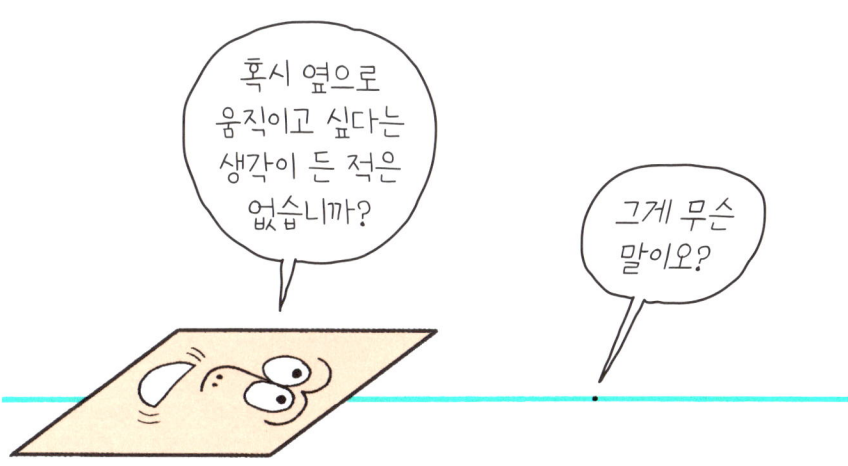

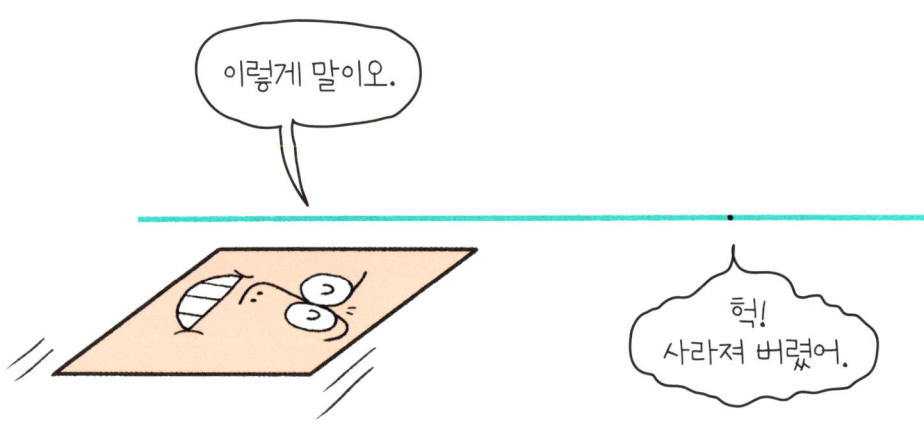

'사라진 게 아니오. 나는 지금 플랫랜드에 있다고요. 한 차원 높은 세상, 여기가 바로 바로 진정한 세계! 나는 라인랜드가 한눈에 보여. 당신네 나라의 인구가 얼마나 되는지 단박에 셀 수 있소.'

스퀘어 씨는 우쭐해서 다시 한 발짝 옆으로 움직여 라인랜드로 들어갔어.

라인랜드 왕이 너무 놀라 꽥 소리를 질렀어.

'헉, 어디서 나타난 거요?'

스퀘어 씨는 우쭐해서 잘난 척을 하고 말았어.

'나는 다른 세계에서 왔소. 넓고 넓은 평면의 세계! 여기는 너무 따분하고 당신들은 너무 멍청해. 볼 수 있는 게 점밖에 없다니. 이 세상에는 직선도 있고 사각형도 있고 오각형도 있는데 말이지. 나는 당신들의 무지를 깨우쳐 주려고 이곳에 왔다고!'

그러자 라인랜드 왕과 주민들이 스퀘어 씨를 향해
달려들었어.
'무슨 헛소리!'
'말도 안 되는 생각이야.'
'집어치워!'
점과 선들이 앞쪽에서 밀려들고, 뒤쪽에서 밀려들었어.
그 순간 스퀘어 씨는 잠이 깼어.

3차원에서 온 괴물

잠에서 깨어난 스퀘어 씨가 중얼거렸어.
'쯧쯧, 자신의 세계에 갇혀 다른 세상을 믿지 못하다니, 얼간이들 같으니라고!'
스퀘어 씨는 우쭐대며 의기양양 살았어. 그러던 어느 날 스퀘어 씨는 방 안에서 낯선 기척을 느꼈어.

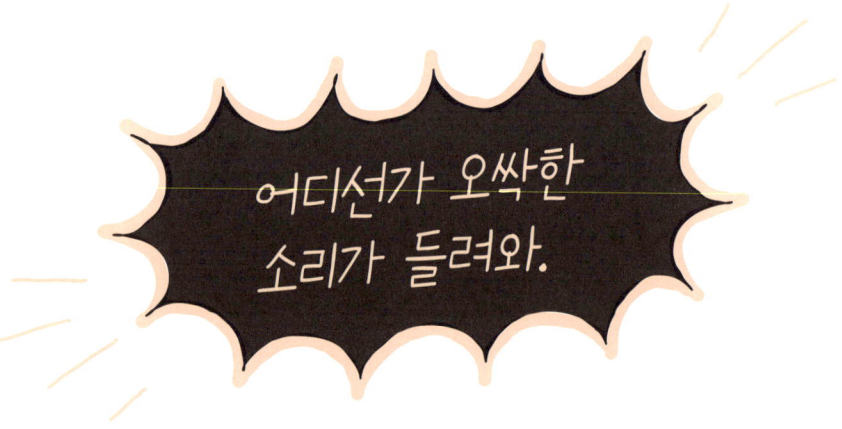

어디선가 오싹한 소리가 들려와.

'나는 스페이스랜드에서 왔다.'
그러더니 눈앞에 툭, 점 하나가 나타났어.

하지만 스퀘어 씨에겐 점으로 보일 뿐이었어. 점이 점점 커져. 원이 되었어. 스퀘어 씨는 수학자이고 훈련을 받아서 명암만으로 원을 알아차릴 수 있어. 원이 점점 더 큰 원이 되었어. 앗! 작은 원이 되었어. 다시 점이 되었어. 그리고 사라져 버렸어!

그런데 순식간에 다시 나타나지 않았겠어?

'너 뭐야. 우리 집에 어떻게 들어왔어!'

'나는 위쪽에서 왔다.'

'위쪽? 그게 뭐야? 북쪽을 말하는 거야?'

'아니, 상상할 수 있을지 모르겠군. 그곳은 3차원 세계야. 입체 모양들이 살고 있어.'

'3차원? 입체? 그게 다 뭐야. 그런 건 없어!'

'믿지 못하는군. 2차원 바로 위에 3차원이 있다고! 거기서는 플랫랜드가 다 내려다보여! 지금 당신의 오각형 아들이 운동장에서 축구를 하고 있군. 당신 금고 속에는 500원이 들어 있고! 나는 금고에서 돈이 사라지게 할 수도 있어.'

스피어가 돈을 위로 들어 올렸어. 스퀘어 씨가 금고로 달려가 열어 보니 헉, 돈이 몽땅 사라졌어!

'도둑놈, 사기꾼! 내 돈을 당장 내놔.'

그러자 돈이 금고에 다시 나타났어!

스퀘어 씨는 갑자기 가슴이 엄청나게 아파 왔어.
'마술을 부리는 게 틀림없어. 당장 꺼져!'
'마술이 아니야. 쯧쯧, 할 수 없군. 당신을 위쪽으로 번쩍 들어 올릴 수밖에!'
'으아아아악!'
스퀘어 씨가 비명을 질렀어. 갑자기 눈앞이 깜깜해지더니 속이 울렁거렸어.
눈을 떴더니 희한한 게 보였어.

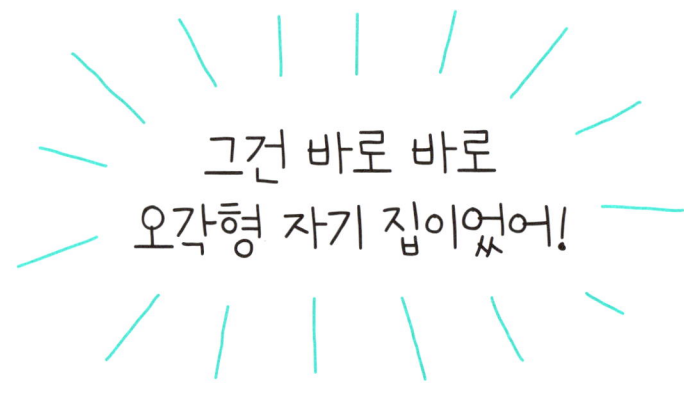

그건 바로 바로
오각형 자기 집이었어!

스퀘어 씨가 상상만 했을 뿐 한 번도 보지 못한 광경이야. 어느새 방안에서 공부하고 있는 오각형 아이들과 육각형 손자들, 삼각형 하인, 거실을 왔다갔다 하는 직선 부인이 한눈에 보여!

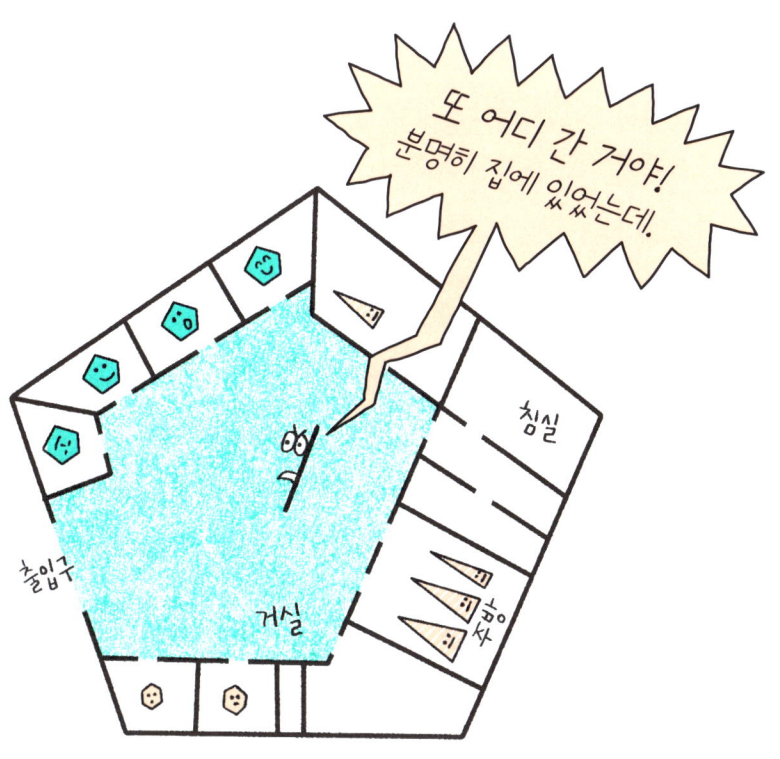

'선생님, 이게 어찌 된 일입니까?'
'하하, 이곳이 바로 내가 말한 위쪽 세계야. 3차원 세계는 무한히 넓기만 한 것이 아니라 위쪽과 아래쪽이 있는 세상이야. 여기서는 펄쩍 뛸 수 있고 하늘을 날 수도 있고 땅굴을 팔 수도 있지.'
그래도 스퀘어 씨는 그게 다 무슨 말인지 상상도 하지 못해. 스퀘어 씨는 3차원 세계에서 바람에 이리저리 떠다니다가 기이한 광경을 보았어. 3차원 생명체가 움직일 때마다 2차원 생명체인 스퀘어 씨의 눈에는 점들이 커졌다가 작아져. 작은 원들이 합쳐져 커다란 원이 돼. 원들이 다시 갈라졌다가 사라져. 2차원 생명체인 스퀘어 씨의 눈에는 그렇게만 보일 뿐이야. 아무리 머리를 굴려도 스퀘어 씨는 3차원 생명체의 진짜 모습을 상상할 수 없었어.
스퀘어 씨는 그제야 깨닫게 되었어.
3차원 세계의 스피어가 2차원 세계에 왔을 때도 그것과 비슷한 일이 일어났다는 걸.

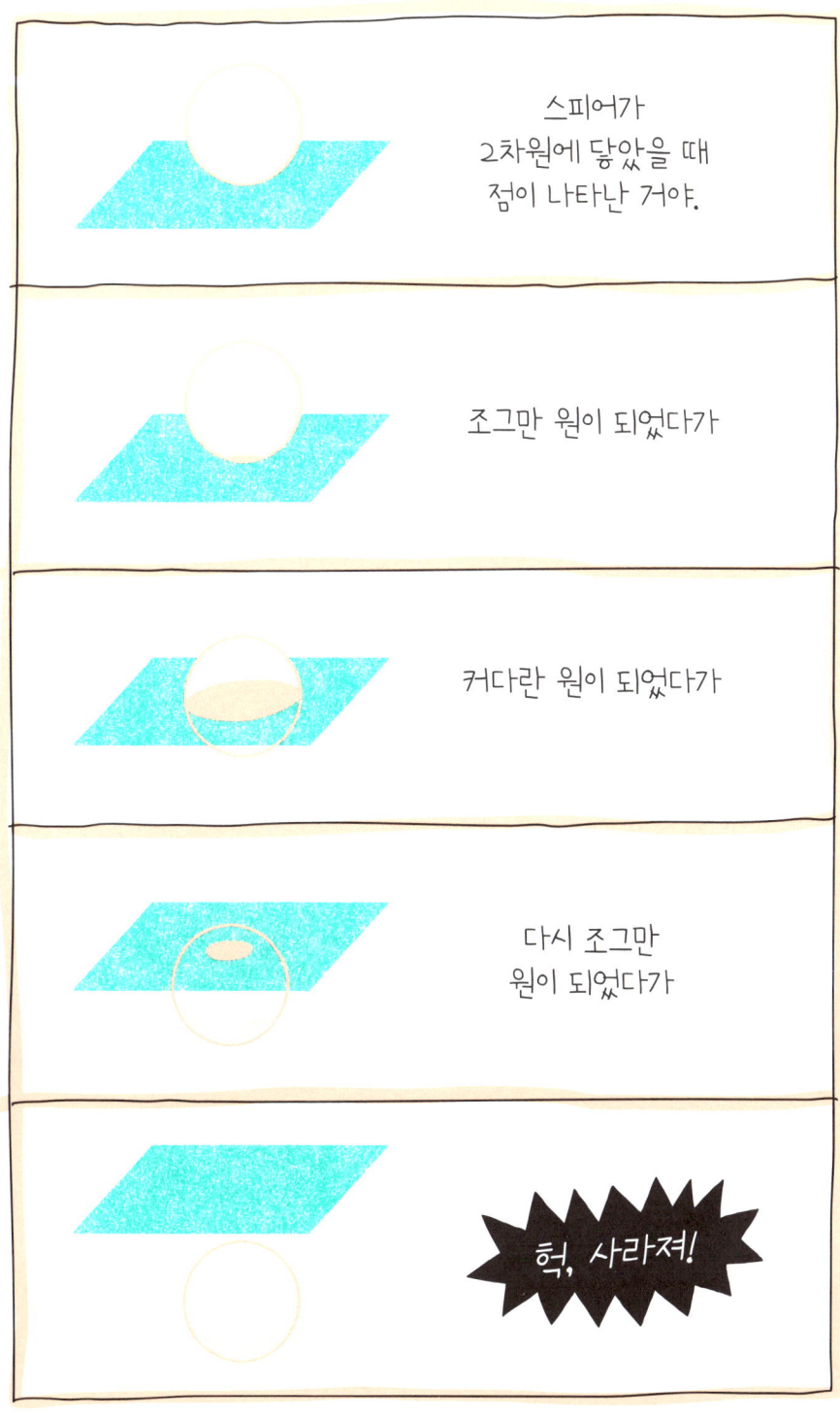

'지금 당장 저 아래로 내려가야겠어요. 플랫랜드의 주민들을 깨우쳐야 해요!'

스퀘어 씨는 다시 자기 방에 놓였어.
'도대체 어디 갔다 와요?'
스퀘어 씨의 직선 부인이 놀라서 소리쳤어. 스퀘어 씨는 사실대로 말했지만 부인은 콧방귀도 뀌지 않았어.
'정신이 어떻게 되기라도 한 거예요?'
스퀘어 씨는 자기 방에 틀어박혀 꼬박 1년 동안 수학 논문을 썼어.

황당하고 놀랍고
믿을 수 없지만
수학적으로 설명 가능한
3차원 세계의 성질에
관하여~.

저자 스퀘어

3차원이라고?

그런 게 어딨어.

위쪽 세상이라니!

미친 소리!

스퀘어 씨는 3차원을 발견한 공로로 노벨상을 받아야
마땅했지만, 사회를 어지럽혔다는 죄로 감옥에 갇히고
말았어.
플랫랜드에서 세 번째 차원을 논하는 것은 엄격하게
금지되었어. 누구든지 3차원을 입 밖에 내는 사람은 엄벌에
처해져.
스퀘어 씨는 감옥에서 이따금 3차원 세계의 입체도형들을
머릿속에 그려 보려 했지만, 점차 희미해졌어. 나중에는
3차원 세계에 정말로 갔는지조차 가물가물해지고 말았어.
스퀘어 씨는 얼마 안 되는 기억과 상상을 끌어모아
회고록을 써.

⑤ 4차원에 초입체가 있다

만약에 우리 곁에 4차원 세계가 있다고 해도, 우리는 스퀘어 씨와 똑같은 신세일 거야.
"4차원이 정말 있어?"
그럴지도!

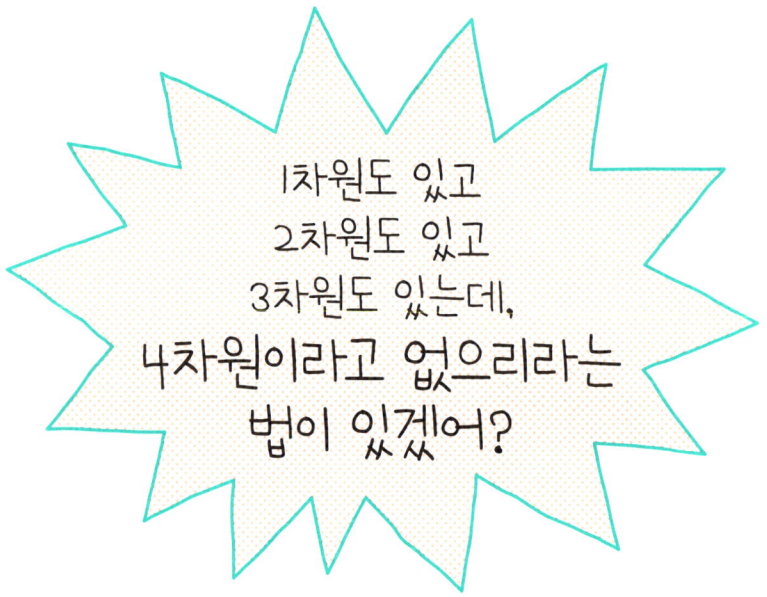

1차원도 있고
2차원도 있고
3차원도 있는데,
4차원이라고 없으리라는
법이 있겠어?

1차원은 길이만 있어. 끝없이 기다란 직선의 세계야.
2차원은 가로와 세로가 있어. 납작한 평면의 세계야.
3차원은 가로와 세로, 높이가 있어. 입체 세계야. 공간이 있어.
눈치챘어?
차원이 높아질수록 뭔가가 하나씩 늘어나는 걸?
4차원은 가로와 세로, 높이 말고 뭔가가 더 있는 세계야!
그게 뭘까?

가로, 세로, 높이 다음에 뭘까?

그게 뭔지 우리는 상상할 수 없어. 2차원 평면 세계의 생물이 '위쪽'을 상상할 수 없는 것과 같아. 우리는 4차원 세계에 있는 '그것'을 상상할 수 없어.

하지만 수학자들은 4차원이 있다고 믿어. 수학적으로는 말이야.

수학적으로 있다면, 진짜로도 있을지 몰라.

"그게 무슨 말이야?"

3차원 세계에 입체도형이 있잖아?

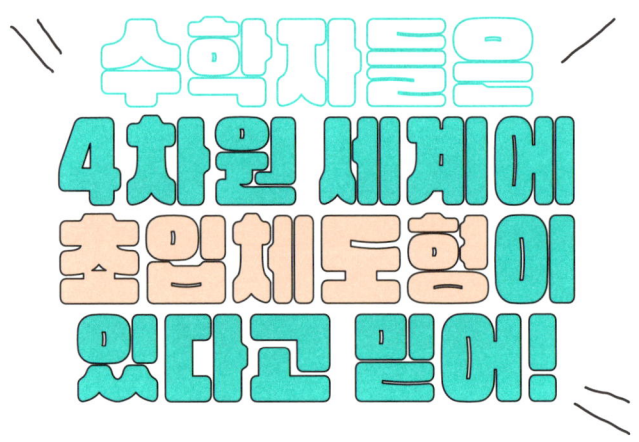

"초입체? 그게 뭐야?"

3차원 세계에 정육면체가 있다면, 4차원 세계에 초정육면체가 있다는 거야.

아니! 사실은 4차원 방문객이 와서 친절하게 설명해 준다
해도 우리는 상상도 하지 못할 거야.
네가 지금 컵을 들고 어디론가로 옮겨 놓는다고 해 봐.

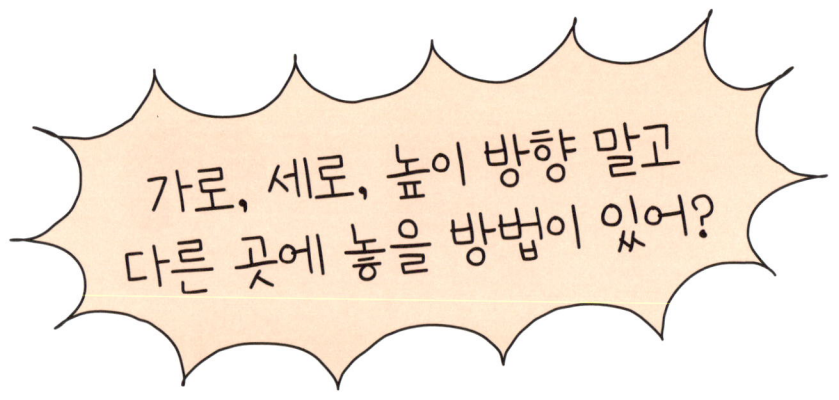

"비스듬히?"
그건 가로로 조금, 세로로 조금, 높이로 조금, 한꺼번에
움직인 거나 똑같아.
3차원 세계에서 가로, 세로, 높이 말고 다른 곳으로 가는
방법은 딱 하나뿐이야.
"그게 뭔데?"

뿅.

사라지는 것!

누가 알겠어?
지금까지 지구에 살았던 사람들 중에 몇 명쯤은 그렇게 다른 차원으로 사라졌을지도.
하지만 수학자들은 4차원에 가 보지 않고도 그곳에 초입체도형이 있다는 걸 알아.

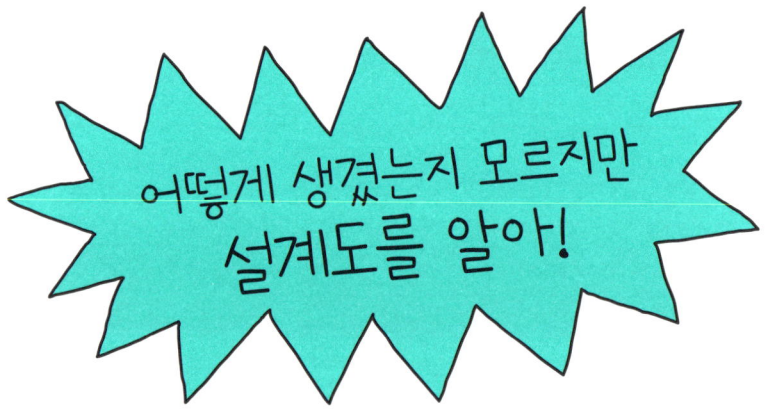

2차원 정육면체의 전개도를 접으면 3차원 주사위가 되듯이, 이걸 접으면 초정육면체가 된다는 거야!

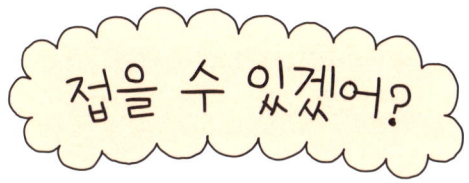

"접을 수 있다고?"

"어떻게?"

3차원 세계에서는 불가능해. 3차원 입체 공간에서는 입체를 접을 수 없어. 4차원에서 온 방문객이라면 식은 죽 먹기겠지만 말이야.

4차원 방문객이 나타나 휙휙 이걸 접어 준다 해도 우리 눈에는 보이지도 않을 거야. 접힌 부분이 다 4차원에 있을 거거든. 이게 다 접히고 나면, 우리 3차원 세계에서는 달랑 맨 밑의 정육면체 하나만 보일 거야.

못 믿겠다면, 2차원 종이에 정육면체 전개도를 그리고 그걸 접어 봐. 네가 색종이처럼 납작해져서 본다면 접힌 부분은 모두 3차원으로 사라지고, 2차원에는 달랑 사각형 하나만 남아.

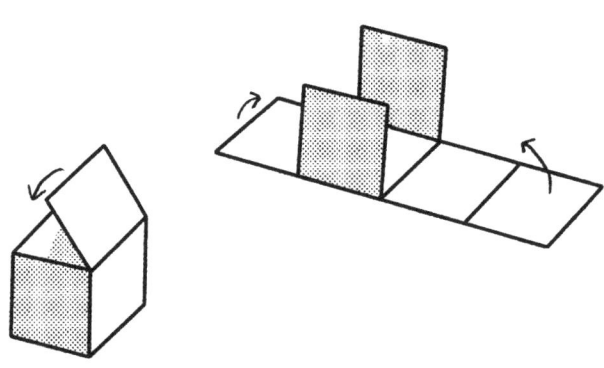

6

4차원 세계의 생명체가 3차원에 나타난다면 어떻게 보일까?
이렇게 보일 거야!

●

"에계, 이게 뭐야. 점이잖아!"
처음에는 그렇게 보인다니까.
그러다가 점이 점점 커져. 덩어리가 돼.
덩어리가 점점 커져.
"무슨 모양이야?"
몰라. 그냥 덩어리라니까. 육면체 모양일 수도 있고, 공 모양일 수도 있지만, 울퉁불퉁 그냥 덩어리일 수도 있어. 심지어 덩어리가 한 개가 아니라 여러 개일걸. 둥둥 떨어져 다니는 덩어리가 하나의 생명체라니까. 우리 눈에 보이지 않는 부분이 많아서 그래.

혹시 무언가 갑자기 나타나 점점 커지면 생각해. 그건 4차원에서 온 거야!

하지만 그것도 4차원 생명체의 진짜 모습은 아니야. 그건 4차원 생명체의 일부분일 뿐이야. 3차원과 닿은 부분만 보이고, 4차원에 속한 부분은 여전히 안 보일 거거든.

네가 코끼리를 한 번도 본 적이 없다고 해 봐. 그럼 코끼리의 일부분만 여기저기 보고 코끼리의 전체 모습을 상상할 수 있겠어? 맨 처음에는 발바닥만 보이다가 동그란 구멍이 보이다가 펄럭펄럭하는 게 보이다가 뾰족한 게 보인다면 꿰맞추어 진짜 코끼리의 모습을 알 수 있겠어?

상상도 하지 못해!

그래도 상관없어.

일부분밖에 보이지 않는다 해도, 4차원에서 무언가가 너에게 온다면 반갑게 인사해.

안녕?

그 애에게 4차원 세계를 구경시켜 달라고 해.

너는 비행접시를 타고 싶겠지만, 그럴 필요도 없다니까.

4차원 생명체가
슥 너를 들어 올리면?

거기가 바로 바로

4차원이야!

버둥버둥.

어어 어어 어어 어어!

바로 그때 3차원에서 누군가 너를 보고 있다면 너는 처음에 머리가 사라지고 어깨와 팔이 사라질 거야. 엉덩이가 사라지고 마지막에 발이 사라져. 《이상한 나라의 앨리스》에 나오는 체셔 고양이처럼 말이야.

《이상한 나라의 앨리스》를 읽어 보았어? 뚱뚱한 공작부인의 집 나무 위에 줄무늬 체셔 고양이가 나타나. 불쑥불쑥 나타났다가 감쪽같이 사라져. 앨리스가 어지럽다고 하자 체셔 고양이는 차례로 사라져 주었어. 꼬리부터 차츰차츰 사라져 나중에는 미소만 남잖아?

만약 4차원 세계로 간다면 무슨 일이 있었는지 꼭 말해 줘. 무사히 돌아온다면 네가 지구에서 첫 번째로 4차원 세계를 방문한 사람이 될 거야. 현실 세계에서 4차원 세계에 갔다 온 사람은 아직 아무도 없거든.

처음에는 눈치채지 못하겠지만, 어쩌면 너는 무언가 달라졌을지도 몰라. 심장이 오른쪽에 있고, 왼손이 오른손이 되고, 오른쪽 얼굴에 있었던 점이 왼쪽에 있을 수도! 4차원 세계에서는 3차원에서 불가능한 일이 가능하거든.

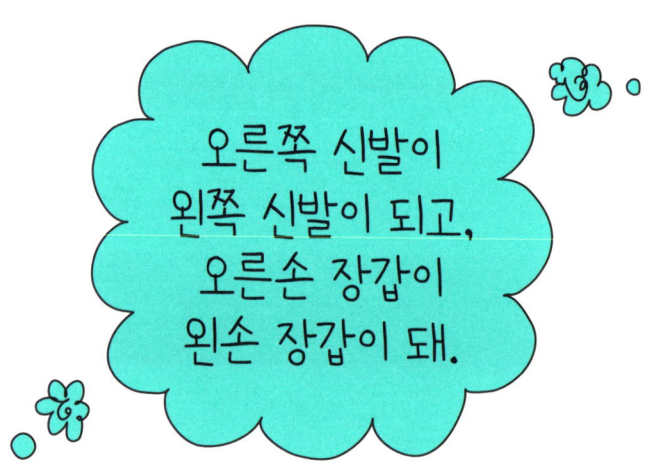

3차원 세계에서는 아무리 돌리고 뒤집어도 절대 오른손 장갑이 왼손 장갑이 될 수 없잖아?
4차원에서라면 식은 죽 먹기야.
"어떻게?"
그냥 뒤집으면 돼.
"어디로?"

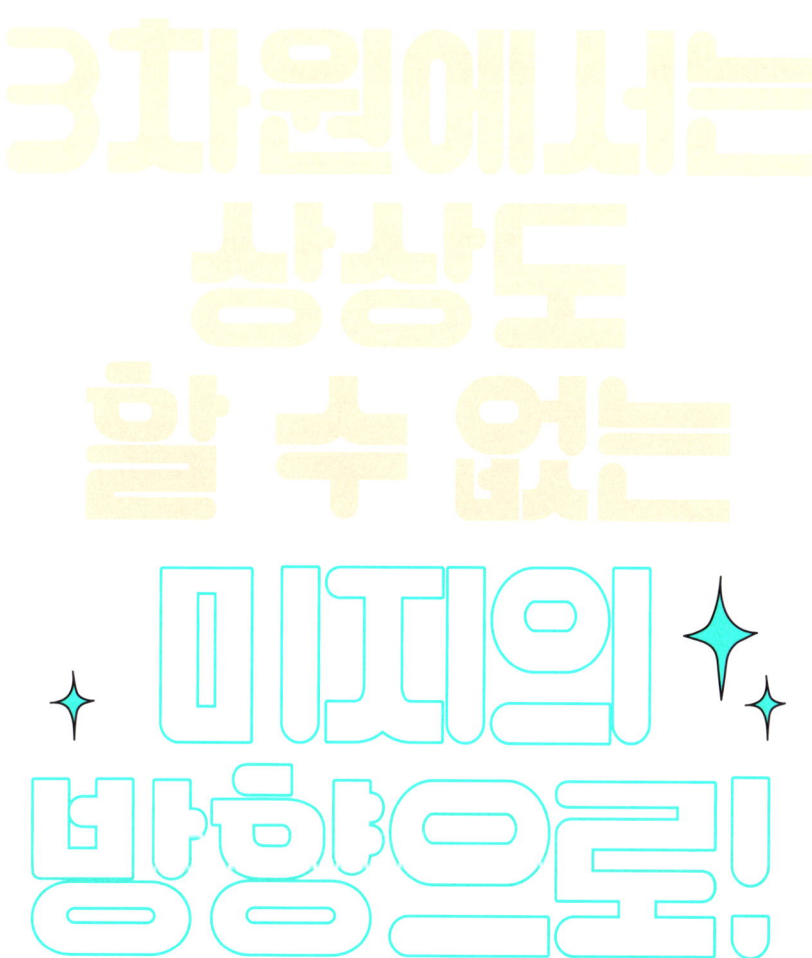

4차원에서는 축구공을 뒤집을 수 있어. 터뜨리지 않고 풍선을 뒤집을 수 있어.
안쪽을 바깥쪽으로, 바깥쪽을 안쪽으로!
4차원에서 만약 치킨을 배달시키면, 치킨을 풍선 안에 넣어 올지 몰라. 그럼 풍선을 터뜨리지 않고 슥 꺼내 먹어.
4차원에서 찢지 않고 안과 밖을 뒤집고 벽을 통과하는 건 너무 쉬운 일이야. 4차원에 있는 미지의 방향으로 손을 움직이기만 하면 돼. 그건 3차원에서 네가 여기서 저기로 손을 뻗는 것처럼 쉬운 일이라니까.

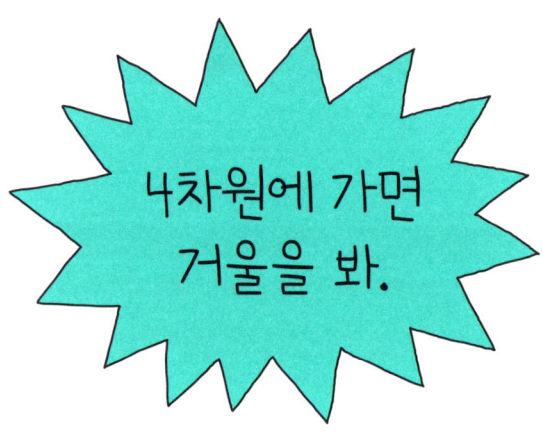

4차원에 가면 거울을 봐.

너의 뒷모습이 보일지 몰라!
빛이 미지의 방향으로 날아간다면 얼마든지 가능한 일이야.

그거 알아?
《이상한 나라의 앨리스》를 쓴 루이스 캐럴이 수학자였다는 걸? 루이스 캐럴은 수학자들이 발견한 4차원 세계를 아이들에게 알려 주고 싶어서 신비로운 이야기를 썼어.

7

0차원에 오신 걸 환영합니다

우리는 일상생활에서도 차원이라는 말을 써.
'이것은 차원이 다른 이야기야.'
'저 사람은 우리와 차원이 달라.'
'한 차원 좀 높게 생각할 수 없어?'
그런데 '차원'이라는 말이 맨 처음 수학에서 왔다는 걸 아는 사람은 별로 없을걸.

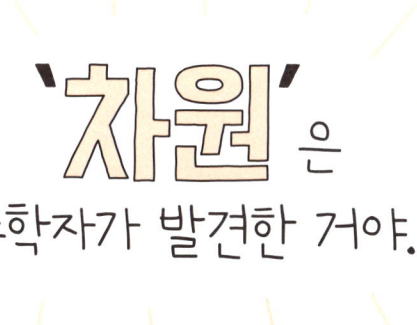

'차원'은 수학자가 발견한 거야.

0차원, 1차원, 2차원, 3차원, 4차원, 5차원…….
"0차원?"
"그런 것도 있어?"

있어! 볼래?

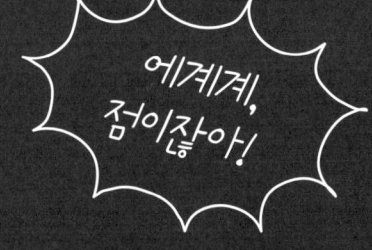

그게 바로 0차원 세계야.
"점 한 개가?"
그렇다니까!
그게 전부인 세상이야.
거기에 뭔가가 산다면 그게 거기를 꽉 채우고 있을걸. 그것 말고는 아무것도 없어.

> 앞도 없고, 뒤도 없고,
> 옆도 없는 세상이야.

《플랫랜드》의 스퀘어 씨가 바로 그런 곳에 갔어.
그 나라의 이름은 포인트랜드야.
스퀘어 씨가 귀를 기울였더니 소리가 들려와.

행복하도다
충만하도다
우주를 가득 채운 것
그게 바로 나야
내가 생각하고,
생각하는 것은 나고
말하는 사람도 듣는 사람도
모두 나라네
나는 하나이며 모두이고
모두 속의 하나야
아 행복하도다
존재의 행복이여

그건 포인트랜드의 유일한 거주민, 왕의 목소리였어.
그래 봤자 점이지만 말이야.
그 왕은 마치 자기가 전지전능한 듯 착각에 빠져서 살아. 스퀘어 씨가 점보다 훨씬 놀랍고 신기하고 거대한 세상이 있다고, 아무리 알려 주어도 소용이 없어. 스퀘어 씨는 직선의 세계, 평면의 세계, 입체의 세계에 대해 일장 연설을 했는데, 왕은 여전히 자만에 빠져 노래를 불러.
'아, 존재의 기쁨이여~.'
스퀘어 씨는 무지한 포인트랜드의 왕을 버려 두고 돌아왔어.
"푸하하!"

8 우리는 4차원 시공간에 살고 있다

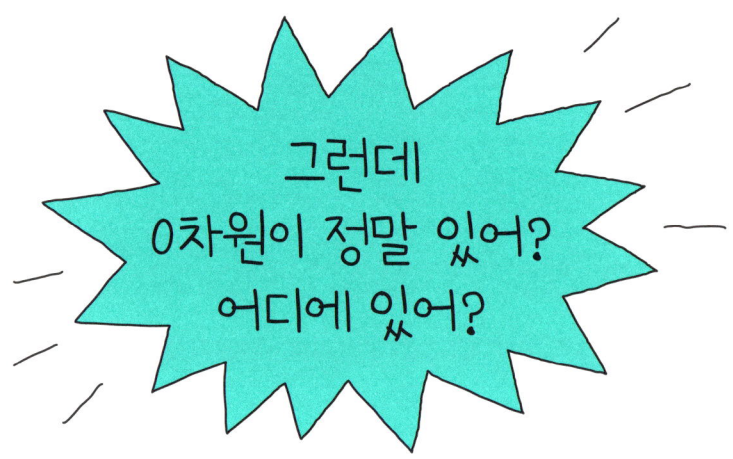

바로 우리 곁에 있어!
손을 들고 허공에 점 하나를 찍어 봐.
눈에 보이지 않지만 거기가 0차원이야.
이제 그걸 움직여 봐.
선이 생겨.
그건 1차원 세계야.

볼래?

"구불구불한 선도 1차원이야?"
당연하지. 만약에 거기에 점같이 조그만 개미가 살고 있어서 앞으로 앞으로 간다면, 자기가 사는 세상이 굽어 있는지 몰라.
"모른다고?"
"왜?"

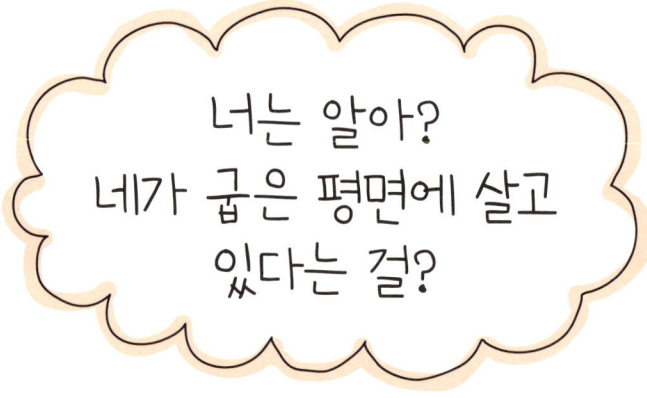

너는 알아?
네가 굽은 평면에 살고
있다는 걸?

학교에 갈 때, 축구를 할 때, 자동차를 타고 달릴 때 지구의 표면이 휘어져 있다는 걸 느낄 수 있어?
우리도 2차원 굽은 평면 위에 살고 있어!

2300년 동안 수학자들은 편평한 평면 위의 기하학을
연구했어. 1818년, 수학자 가우스가 처음으로 휘어진 평면에
대해 생각했어. 둥그렇게 휘어진 종이 위에 살고 있는
2차원 벌레에게는 세상이 어떻게 보일까 하고 말이야.
'벌레는 자기가 휘어진 곳에 살고 있다는 걸 전혀 알 수
없어!'
가우스의 제자, 리만은 더 놀라운 생각을 했어. 만약 종이가
매끄럽지 않고 복잡하게 구겨져 있다면?
그 위를 기어다니는 2차원 벌레는 자기가 사는 세상이
구겨져 있다는 걸 전혀 눈치챌 수 없다는 거야!
하하, 2차원 종이가 구겨져 있다는 건 3차원에서만 보여!
어쩌면 우리가 살아가는 3차원 공간도 그럴지 몰라.
4차원에서 보면 구겨져 있는데, 3차원 공간에서 살아가는
우리는 3차원에 붙은 벌레와 같아서 우리가 살아가는 공간이
구겨져 있다는 걸 몰라!
상상할 수 있겠어?
우리가 살고 있는 3차원 공간이 휘어지고 구겨져 있다는 걸?
손을 휘휘 저어 봐.
느껴져?

놀라지 마.
과학자들이 우주 공간이 정말 휘어져 있는 걸 관측했어!
멀리 우주 공간을 가로질러 오는 별빛을 관측했는데, 너도 알걸? 빛은 언제나 직진한다는 거.
그런데 빛이 지구로 곧장 오지 않고 태양 주변에서 울룩불룩 휘어져 지구에 도착한 거야.

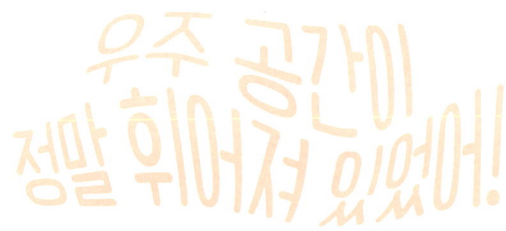

우리 우주는 무거운 별들 주위가 울룩불룩 휘어져 있어. 알베르트 아인슈타인이 알아냈어. 더 놀라운 건 휘어진 공간에서는 시간이 느리게 흐른다는 거야!
수학자도 과학자도 깜짝 놀랐어. 시간은 시간이고, 공간은 공간일 뿐 서로 아무 관계가 없다고 믿었는데, 공간의 모양에 따라 시간이 늘었다 줄었다 한다고?
헉! 시간이 공간과 붙어 있어. 시간이 없으면 공간이 없고, 공간이 없으면 시간도 없다는 거야!

우리가 살아가는 3차원 공간에 시간이 달라붙어 있어!

따르릉……

어떻게 된 거야!

"헉, 시간을 안 정했어!"

바로 그거야. 놀이터가 정확히 어디에 있는지 알아도 시간을 모르면 만날 수 없어.

아니, 그 정도가 아니야. 시간이라는 게 없다면 아무 일도 일어나지 않아. 시간이 존재하지 않는다는 건 모든 게 멈춰 있다는 말과 같아.

상상할 수 있겠어? 아무것도 움직이지 않고 멈춰 있는 세계를? 태양이 그 자리에 멈춰 있고, 강물이 흐르지 않고, 공기도 전혀 움직이지 않아. 너의 심장도 멈춰 있을걸. 무언가가 변한다는 건 시간을 따라 움직이고 있다는 말이야.

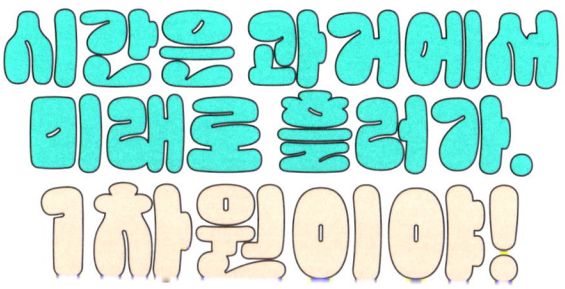

우리가 살아가는 3차원 공간에 '시간'이 있어. 1차원이 더 있어. 우리가 살아가는 세상이 3차원이 아니라 3차원 공간에 시간 차원을 더해서 '4차원 시공간'이라는 거야.

"그럼 우리가 벌써 4차원에 살고 있다는 거야?"
걱정 마. 우리가 살아가는 우주가 4차원 시공간이면 우리 세계에서 불가능한 일이 일상으로 일어나는 신기한 세계는 5차원이 아니겠어?
그건 여전히 4차원 시공간 옆에 있어!

⑨ 1과 $\frac{1}{4}$차원

"우리 옆에 5차원이 있다고?"
뭘 그런 걸 가지고 놀라. 지금부터 네가 한 번도 들어 보지 못한 기이하고 놀라운 차원에 대해 이야기할 거야.

그건 바로 바로

1과 $\frac{1}{4}$ 차원이야!

어쩌면 《해리 포터》 시리즈의 작가는 수학자의 1과 $\frac{1}{4}$ 차원에서 영감을 얻었을지 몰라. 해리 포터가 마법 학교로 기차를 타고 갈 때 1번 승강장도 아니고, 2번 승강장도 아니고, 9와 $\frac{3}{4}$ 승강장에서 기다리잖아?

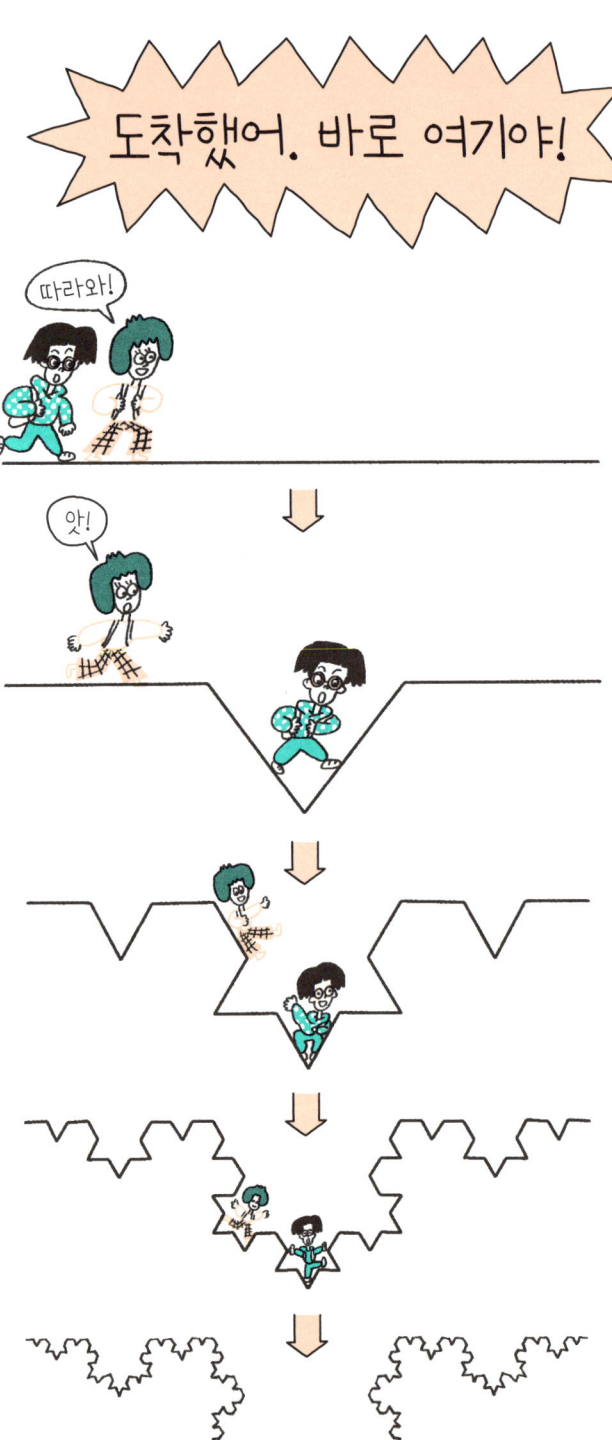

"어어 어어."

"골짜기가 생겨!"

"또 생겨나."

"헐, 또 또 생겨나는데?"

"또 또 또 생겨나고 있어."

"어떻게 된 거야?"

놀라지 마. 또 또 또 또 또 또 또 또 또 또 또 또…… 앞뒤로 끝없이 골짜기가 계속 계속 생겨날 거라니까.

여기는 1과 $\frac{1}{4}$차원이야.

"이게?"

1904년에 수학자 헬게 폰 코흐가 상상했어. 직선을 하나 그리고 직선 가운데 골짜기를 그려. 자꾸자꾸 그려. 똑같은 모양이 계속 계속 나와. 눈송이 같아. 직선의 시작과 끝은 똑같은데 그 안의 길이가 자꾸자꾸 길어져. 무한대로 길어져.

여기는 어디일까?

1차원도 아니고 2차원도 아니야!

그럼 몇 차원일까?

1차원보다는 크고 2차원보다는 작은 세계야.

1차원과 2차원 사이의 세계!

수학자들이 계산하기를 그건 1.26차원이라는 거야.

분수로 하면 1과 $\frac{1}{4}$차원쯤?

"헐! 그런 이상한 차원도 있어?"

그렇다니까. 방금 봤잖아!

0차원보다 크고 1차원보다 작은 세계도 있는걸.

0.63차원!

그게 뭔지 상상할 수 있겠어?

수학자 칸토어가 발견해서 '칸토어의 먼지'라 불리는 세계야.

거기는 점도 아니고 선도 아닌 세계야.

우리도 만들 수 있어.

볼래?

선분을 하나 그리고 3등분해서 가운데를 버려.

남은 선분으로 계속 계속 똑같이 해.

선분이 점점 짧아져. 토막 나. 먼지처럼 작아져.

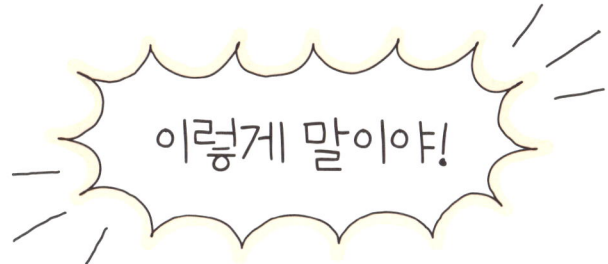

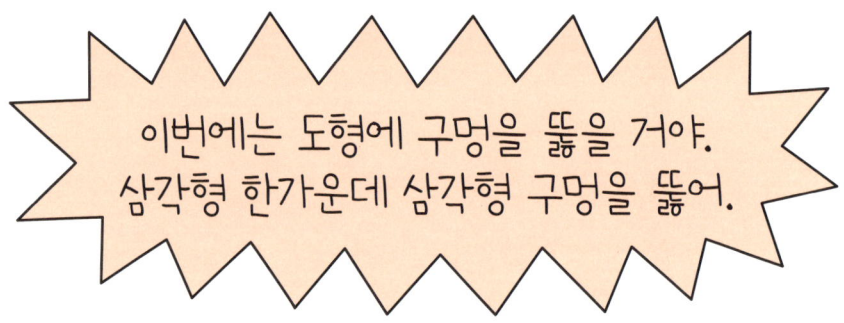

계속 계속……
구멍이 점점 많아져.
점점 점점 많아져.

2차원에 구멍이 숭숭!
1차원보다는 크고 2차원보다 작은 세계야.

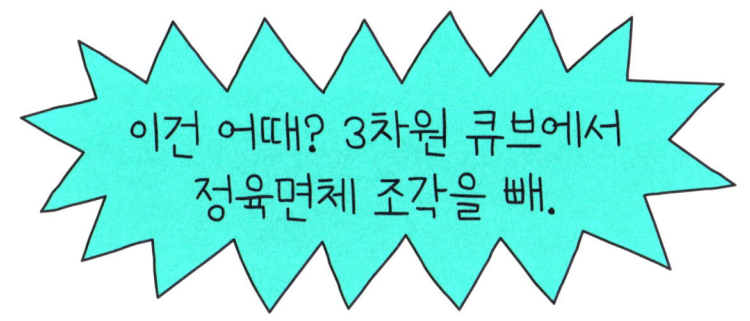

계속 계속……
구멍이 점점 많아져.
점점 점점 많아져.

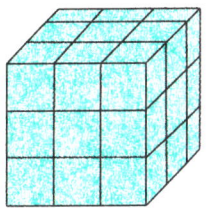 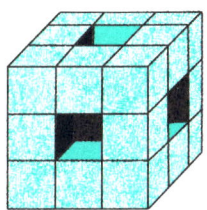 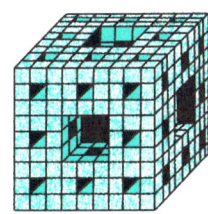 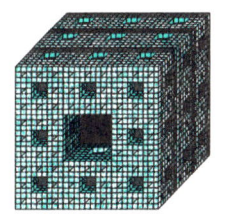 …

3차원에 구멍이 숭숭!
2차원보다는 크고 3차원보다 작은 세계야.

2.73차원!

눈치챘어? 코흐의 눈송이 곡선과 칸토어의 먼지, 계속 계속 구멍이 뚫리는 삼각형과 정육면체 큐브까지 모두 공통점이 있어.
부분을 확대하면 전체 모습과 같아.

자기와 닮은 모습이 끝없이 반복돼!

수학자들이 그런 걸 '프랙털'이라 불러. 라틴어로 '조각'이라는 뜻이야.
차원과 차원 사이에 프랙털 차원이 있어. 1차원과 2차원 사이, 2차원과 3차원 사이에 차원이 있었어!
수학자가 수학으로 프랙털을 발견했는데, 자연에도 프랙털이 있었지 뭐야. 구름, 산, 번개, 나뭇가지, 강줄기, 바닷가의 해안선이 바로 프랙털이야. 뭉게뭉게 구름 속에 또 또 구름이 피어나. 산 속에 또 산이 있어. 나무가 계속 계속 가지를 뻗어가. 나뭇가지가 나무를 닮았어.

너의 몸속에도 프랙털이 있어!

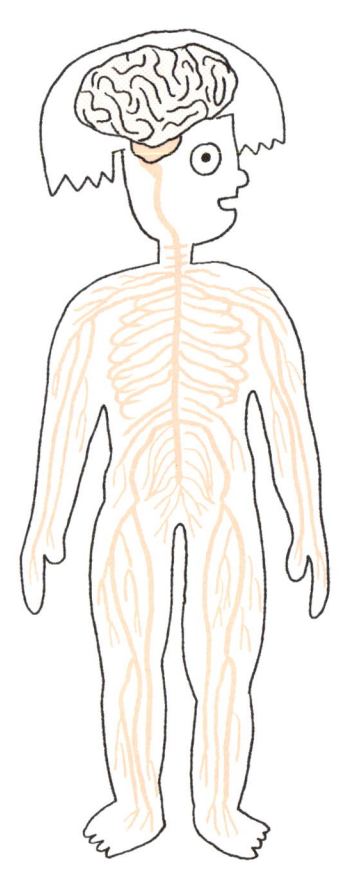

너의 몸 구석구석으로 뻗어 가는 혈관과 신경망, 뇌의 주름이 프랙털이야. 닮은 모양으로 계속 계속 꼬불꼬불 뻗어 가. 너의 몸속에 있는 혈관의 길이를 모두 합치면 지구를 돌고도 남을 만큼 기다란데 그게 네 몸에 모두 들어 있다는 게 믿어져?

너의 뇌 주름을 모두 펼치면 신문지 한 장을 가득 채워. 그게 주먹만 한 뇌에 쭈글쭈글 들어 있어.

프랙털은 작은 공간에 최대한 많이, 효율적으로 구조를 집어넣는 자연의 비법이야.

공간에 주름을 만들어 차원을 높이는 거야!

"주름?"
"할머니 얼굴의 주름 말이야?"

그럴지도. 맨들맨들 아기의 피부가 2차원이라면 쭈글쭈글 할머니의 피부는 2차원보다 높을지 몰라.

차원이 높아지는 건 더 복잡해지고 쭈글쭈글해지는 거야. 공간에 주름이 더 많아지는 거야.

산은 2.3차원이야. 산은 지구의 2차원 평면에 있지만 굴곡이 있고 주름져 있어. 어느 곳을 보아도 울퉁불퉁해. 구름은 1.35차원이야. 나무는 가지를 얼마나 뻗는지에 따라 1.3차원~1.8차원이라는 거야.

너의 몸속을 흐르는 동맥은 2.7차원이야. 너의 뇌 주름은 몇 차원일까? 하하, 인간의 뇌 주름은 2.73~2.79차원이야. 지구의 표면은 2.1차원이야. 화성의 표면은 2.4차원이야. 화성이 지구보다 훨씬 울퉁불퉁해!

이제 차원이 뭔지 좀 알겠어?
너는 이제 차원이 다른 아이가 되었어.
축하해!

우리가 살아가는 이 세상에서 차원은 눈에 보이지도 않고 만질 수도 없어.
있기는 있는 거야?
벽장문을 열고, 침대 밑을 기웃거리고, 땅을 파서 들추어 본다고 해도 차원은 얼굴을 보여 주지 않아.

우주 망원경으로 머나먼 은하를 관측해도 거기에 차원이 떠다니는 것도 아니야.

그런데도 인간은 차원을 연구해. 점에서 시작해 점점 높은 차원을 탐구해. 그러다가 우리가 살아가는 차원이 4차원 시공간이라는 걸 알게 되었어.

심지어 물리학자들은 이제 우리 우주가 10차원이라고 말해!

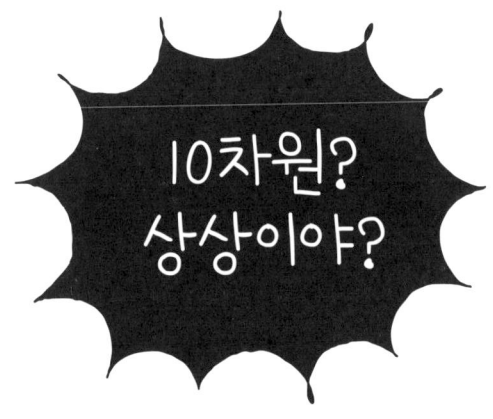

아니!

물리학자들이 심각하게 연구하고 있다니까.

수학으로 계산하기를······.

138억 년 전,
빅뱅의 순간에
우리 우주가 10차원으로
시작되었다는 거야!

10차원 우주는 탄생하자마자 4차원 우주와 6차원 우주로 분리되었어!

6차원 우주는 빅뱅이 일어나자마자
0.0000000000000000000000000000000001센티미터 크기로 돌돌 말려 들어갔어. 나머지 4차원 우주가
1000000000000000000000000000000000000000000000000000000배로 커다랗게 부풀어 올라 지금의 우리 우주가 되었다는 거야!

바로 바로 우리 곁에 있어.

우리가 살아가는 4차원 시공간 속에 꼭꼭 숨어 있어!

"숨어 있다고?"

"정말?"

최신 우주론을 연구하는 이론 물리학자들이 그렇게 믿고 있어.

어쩌면 너무 너무 너무 너무…… 작아서 발견하지 못하는 건지도 몰라.

하지만 어마어마한 속도로 돌고 있는 거대한 입자 가속기가 지금도 찾고 있어. 숨어 있는 차원의 방향으로 움직이는 입자의 흔적을!

참고 문헌

에드윈 A 애벗 지음, 신경희 옮김, 《이상한 나라의 사각형》, 경문사, 2003

츠즈키 다쿠지 지음, 김명수 옮김, 《4차원의 세계》, 더블유출판사, 2003

이언 스튜어트 지음, 이한음 옮김, 《플래터랜드》, 경문사, 2008

미치오 카쿠 지음, 박병철 옮김, 《초공간》, 김영사, 2018

신카이 유미코 외 지음, 전재복 옮김, 《신비로운 차원의 세계》, 북스힐, 2022

미래가 온다 수학 시리즈는
미래를 바꿀 첨단 과학에 숨어 있는
수학의 원리를 배우고, 수학자처럼
사고하는 법을 체득하는
어린이 수학 정보서입니다.

---

01 수와 연산 외계인도 수학을 할까?
김성화·권수진 글 | 김다예 그림

---

02 소수와 암호 거대 소수로 암호를 만들어!
김성화·권수진 글 | 한승무 그림

---

03 기호와 식 X가 나타났다!
김성화·권수진 글 | 정오 그림

---

04 도형 삼각형은 힘이 세다!
김성화·권수진 글 | 황정하 그림

---

05 위상 수학 첨단 도형이 온다!
김성화·권수진 글 | 김진화 그림

---

06 함수와 그래프 함수는 이상한 기계야!
김성화·권수진 글 | 강혜숙 그림

---

07 규칙 찾기 컴퓨터에게 패턴을 가르쳐!
김성화·권수진 글 | 이고은 그림

---

08 차원 우리 옆에 4차원이 있다!
김성화·권수진 글 | 강혜숙 그림

---

09 확률과 통계 동전을 100만 번 던져! (출간 예정)
김성화·권수진 글 | 백두리 그림

---

10 무한 무한은 괴물이야! (출간 예정)
김성화·권수진 글 | 조승연 그림